El Zorro y la Pluma

Texto e ilustraciones
KENDALL LANNING, BA, CCLS

Padma Light

OMAHA, NEBRASKA

Texto e ilustraciones ©2023 por Kendall Lanning

Comuníquese con la editorial visitando el sitio web www.padmalight.com
Hardcover: 978-1-7353151-5-7
Paperback: 978-1-7353151-6-4
Kindle: 978-1-7353151-7-1
Library of Congress Cataloging Number and
Cataloging in Publication data on file with the publisher.
Publishing coordination by Concierge Marketing Inc.

Traducción por Debra J . Pelto
(www.essentialtranslationservices.com)

Redacción por E. Zoe Schutzman
(www.cloud18productions.com)

Printed in the United States of America
10 9 8 7 6 5 4 3 2 1

Mi luz de estrella dorada y alma gemela donó el dinero para salir adelante y publicar este libro en español. Expresó que mencionar su nombre sería irrelevante porque los regalos de bondad vienen del corazón, una frecuencia que se puede sentir. Así que honro esa idea. Pero si está leyendo y tiene la oportunidad de pausar por un momento, mándele un rayo de luz dorado en profundo agradecimiento a su corazón por su humilde ofrenda.

Completely KIDS es una organización sin fines de lucro que empodera a las familias para romper el ciclo de la pobreza. Se centran en un enfoque holístico, y me siento bendecida de ser parte del programa de yoga para los niños y el personal. Creo profundamente en su visión, compromiso y pasión por ayudar a la comunidad, y es todo un honor dedicarles este libro.

Lynnze, mi querida amiga. Sé que me acompañas y me estás ayudando a que este libro llegue a quienes lo necesitan. Siempre has apoyado mi camino. Aunque estés allende, te siento conmigo siempre.

My golden starlight soul sister donated the money for me to move forward in publishing this book in Spanish. She expressed that by mentioning her name it would be irrelevant, because gifts of kindness come from the heart-a frequency that can be felt. So, I honor that. But if you are reading and have the space to pause for a moment, send a ray of golden light to her heart in deep gratitude for her humble offering.

Completely KIDS is a nonprofit organization that empowers families to break the cycle of poverty. They focus on a holistic approach, and am blessed to be part of the children and staff yoga program. I am honored to dedicate this book to them and deeply believe in their vision, commitment and passion for assisting the community.

Lynnze, my sweet friend. I know you are with me and helping this book get into the hands that need it. You have always supported my journey. Although you are on the other side I feel you with me always.

El Zorro y el Cardenal eran mejores amigos.

The Fox and the Cardinal were the best of friends.

Sabían que todo estaría bien, siempre y cuando estuviesen juntos.

As long as they were together they knew everything would be okay.

Hasta dormían juntos en
las noches más frías.

They even slept together
on the coldest of nights.

Un día el Cardenal no pudo jugar. Le explicó al Zorro que estaba muy enfermo y que se moría.

One day the Cardinal could not play. He explained to the Fox that he was very sick and dying.

El Zorro empezó a llorar: "¿Por qué? No comprendo".

El Cardenal respondió: "No siempre podemos comprender las cosas, pero recuerda que estaré contigo para siempre, y que te llegaré en forma de señales".

The Fox began to cry, "Why? I do not understand."

Cardinal responded, "We cannot always understand things, but please remember I will be with you forever, and will come to you in signs."

"Una de esas señales será una pluma y sabrás que estoy cerca".

"One of those signs will
be a feather and you will
know that I am near."

Esa noche el Zorro
cubrió al Cardenal con
su pañuelo preferido y
le dijo: "Buenas noches".

So that night the Fox covered the Cardinal with his favorite scarf and said, "Good night."

Al amanecer de la mañana siguiente se despidió de su mejor amigo.

The next morning at sunrise he waved
goodbye to his best friend.

El Zorro echaba de menos a su amigo todos los días. Cuando más lo necesitaba, siempre encontraba una pluma.

The Fox missed his friend every day. When he needed him the most, he would always find a feather.

Y sabía que el Cardenal volaba por encima de él, aunque no podía verlo.

And he knew that the Cardinal was flying above him, although he could not see him.

Otras señales con las que tu ser querido puede mostrarte que está cerca son: sueños, música, monedas, luces, olores, nubes.

¿Qué son algunas maneras en las que tu ser querido quizás muestre que está cerca?

Your loved one can let you know they are near with other signs such as: Dreams, Music, Coins, Lights, Scents, Clouds

What are some ways your loved one may show they are near?

Actividad

Saca una hoja de papel y escribe o dibuja unas memorias especiales. Dibuja cómo imaginas que tu ser querido podría mostrarte que está cerca.

Para obtener más recursos, herramientas, y actividades, vaya al sitio web www.PadmaLight.com

Activity

Draw pictures of how you imagine your loved one letting you know they are near.

For more resources, tools, and activities, go to www.PadmaLight.com

Todos sufrimos la pérdida diferentemente. También los niños perciben la muerte de diferentes maneras. Depende de la etapa del desarrollo y los conceptos que tienen acerca de la muerte. Es importante ser consciente de las necesidades individuales de cada niño y niña, proporcionando un espacio de apoyo seguro donde pueden expresar sus sentimientos. Sea honesto/a y use lenguaje específico y apropiado a la etapa del desarrollo. Lo que no se les dice les da el espacio para crear sus propias historias sobre la muerte. El proceso de sanación del duelo es continuo e incierto. Cuando se sufre una pérdida, o se sustenta el espacio para quien la sufre, es importante poner en práctica el cuidado personal para nutrir su propio corazón.

We all grieve differently. Children also perceive death differently. It depends on their developmental stage and their concepts of death. It is important to tune into the individual needs of each child, providing a safe and supportive space for them to express their feelings. Be honest with children and use concrete language and developmentally appropriate language. What is not told to them gives them room to make up their own stories about death. The healing process for grief is ongoing and unpredictable. When grieving and/or holding space for someone that is grieving, it is important to practice self-care to nourish your heart.

Prepárese para contestar preguntas y sea veraz y honesto/a .

- Cuanto más posible, deles opciones a los niños mientras están procesando la pérdida. Esto podría incluir preguntarles sobre qué actividades quisieran hacer. ¿Quieren asistir al servicio funerario?, ¿acercarse al ataúd?, ¿participar en el velorio? Y ¿a cuáles miembros de la familia les gustaría tener cerca?

- Valide sus sentimientos y aliéntelos a expresarlos en palabras.

- Participe en la creación de memorias y en conversaciones, tal y como construir cajas de memorias o visitar los lugares significativos que guardan memorias. Siembre un árbol. Obtenga más ideas visitando el sitio web www.PadmaLight.com.

- Permanezca disponible.

- Permita que los niños hagan teatro y recreen escenas emocionales para procesar las emociones fuertes.

- Mantenga la rutina lo más que pueda.

- Contacte con grupos de apoyo locales.

- Busque ayuda profesional.

- Use palabras concretas como "muerte o se murió" en vez de "fallecer o pasar a mejor vida".

Be prepared to answer questions and be truthful and honest

- As much as possible, give children choices while they are processing grief. This could include asking them what activities they would like to do. Do they want to attend a [the?] funeral, approach the casket, participate in a memorial? And, which family members would they like nearby?

- Validate feelings and encourage putting emotions into words

- Engage in memory making and discussions such as making memory boxes or visiting meaningful places that hold memories.   Plant a tree. Visit the website www.PadmaLight.com for more ideas.

- Remain available

- Allow children to play out and recreate emotional scenarios to process big feelings.

- Maintain routine as much as possible

- Reach out to local support groups

- Seek professional help

- Use concrete words such as "death or died" instead of "pass away"

Niños entre 0 y 2 años de edad:

- El aumento del llanto.
- La irritabilidad.
- El no querer separarse de la persona que lo cuida.
- El cambio en los patrones alimenticios.

Niños entre 2 y 4 años:

- El pensar que la muerte es reversible o no permanente
- El llanto/La irritabilidad.
- Las rabietas (los berrinches).
- El sueño interrumpido/Mojar la cama.
- Las regresiones de comportamiento (comportarse como si fuera más pequeño o apegado que la edad del niño indicaría), por ejemplo: puede que haya aprendido a usar el inodoro y de repente tener accidentes.
- El miedo al abandono.
- Las preguntas repetitivas sobre la muerte: ¿por qué? ¿cómo?

Niños entre 4 y 7 años:

- Las quejas físicas.
- Las regresiones del comportamiento.
- Las preguntas repetitivas.
- El sueño interrumpido/Mojar la cama/Las pesadillas.
- El cambio repentino de emociones. Por ejemplo: un minuto está adolorido y al otro está jugando.
- El sentirse responsable por la muerte del ser querido.
- El miedo al abandono.
- Los sentimientos de culpabilidad.

Niños entre 7 y 11 años:

- El comportarse mal.
- El sentirse culpable.
- La dificultad para concentrarse.
- El demostrar comportamiento agresivo o impulsivo.
- El expresar un amplio rango de emociones.
- El hacer preguntas detalladas sobre la muerte.
- El retraimiento de las actividades.
- Las dificultades en la escuela.

Niños entre 11 y 18 años:

- La confusión respecto a su rol de identidad en la familia.
- Los pensamientos de hacerse daño.
- El participar en conductas arriesgadas o peligrosas.
- Las alteraciones en el sueño y el agotamiento.
- La hipervigilancia.
- El abuso de sustancias como el alcohol y las drogas.
- El retraimiento de las actividades.
- Las dificultades en la escuela.

Ages 0-2

- Increased Crying
- Irritability
- Unwillingness to be separated from caregiver
- Change in Eating Patterns

Ages 2-4

- Think death is reversible or not permanent
- Crying/irritability
- Temper tantrums
- Interrupted sleep/bedwetting
- Behavior regressions (acting in a younger or needier way than the child's age would indicate): for example: may have been toilet trained and suddenly having accidents
- Fears of abandonment
- Repetitive questions about death: Why's? How's?

Ages 4-7

- Physical complaints
- Behavior regressions
- Repetitive questions
- Interrupted sleep/bedwetting/ Nightmares
- Quick to change emotions: for example, one minute grieving and the next playing
- Feel responsible for the death
- Fears of abandonment
- Feelings of guilt

Ages 7-11

- Acting out
- Experiences guilt
- Difficulty concentrating
- Exhibits aggressive or impulsive behavior
- Expresses wide range of emotions
- Asking detailed questions about death
- Withdrawal
- School difficulties

Ages 11-18

- Confusion of identity role within family
- Thoughts of self-harm
- Engage in risky or dangerous behavior
- Sleep Disturbances and exhaustion
- Hyper-vigilance
- Abuse substances such as alcohol and drugs
- Withdrawal
- School Difficulties

KENDALL LANNING es especialista certificadaenlavidainfantileinstructora certificada en yoga. Trabaja muy de cerca con los pacientes pediátricos y sus familias, ayudándoles a sobrellevar la hospitalización, la enfermedad, el trauma, la pérdida, y el duelo. Halla su propia creatividad en el acto de pintar y fue inspirada a escribir e ilustrar un libro infantil que ayudará a los niños a sobrellevar la muerte y el duelo.

La intención de este libro es aumentar las conversaciones de recuerdo, y dar paz al corazón adolorido sabiendo que su ser querido aún lo acompaña.

KENDALL LANNING is a Certified Child Life Specialist and Certified Yoga Instructor. She works closely with pediatric patients and their families helping them cope with hospitalizations, illness, trauma, loss and bereavement. She finds her creative outlet through painting and was inspired to write and illustrate a children's book that will help children cope with death and grief.

The intention of this book is to enhance conversations of remembrance, and to give peace to the grieving heart in knowing that their loved one is still with them.

www.ingramcontent.com/pod-product-compliance
Lightning Source LLC
LaVergne TN
LVHW072125070426
835511LV00003B/89